EX LIBRIS
Udo Jesberger
IX / 01

Werner Tiki Küstenmacher

DAS VERSENKTE KIRCHENSCHIFF

Feuchtfröhliche Bilderbögen über Gottes Leichtmatrosen

verlegt von den Landratten bei Claudius

Die Deutsche Bibliothek – CIP-Einheitsaufnahme

Küstenmacher, Werner Tiki:
Das versenkte Kirchenschiff : feuchtfröhliche Bilderbögen über Gottes Leichtmatrosen /
Werner Tiki Küstenmacher. – München : Claudius, 1999
ISBN 3-532-62236-X

80636 München, Birkerstraße 22

Gesamtherstellung: Sellier Druck GmbH, Freising

ISBN 3-532-62236-X

Anstelle eines

VORWORTS

eine Exklusiv-Reportage:

Der meistbeklaute Karikaturist der christlichen Szene besucht den größten kirchlichen Karikaturenklauer

Dort, wo das Land dem Meer am nächsten ist, da steht auf einer einsamen Klippe die alte Seemannskapelle von Pastor Klaubär. Über dem Altar aus Muschelkalk ragt das Schiffsruder eines Ostindien-Klippers aus der Wand, und als Kanzel dient ihm der Vordersteven der Philomenia. Ein stolzer Dreimaster, der in einer Orkannacht eine halbe Seemeile backbord von Klaubärs Kapelle auf Grund gelaufen war und von der Urgewalt der Wogen in handliche Einzelteile zerlegt wurde. Der wuchtige Schiffsbug samt Gallionsnixe war eines der wenigen Stücke, die unversehrt an Land gespült worden waren, und wie bei so machem anderen Gegenstand in seinem klippenkrönenden Kirchenschiff hatte Pastor Klaubär sich das schmucke Kleinod flugs unter den Nagel gerissen.

Früher, als das Meer noch nach Meer roch und der rauhe Seewind den würzigen Verwesungsgeruch der Piratenopfer hatte, da war Klaubärs Gotteshaus rappelvoll, wie sich das gehörte. Trauungen und Taufen gab's fast täglich, und keine Seele, die er nicht alle Nase lang besucht hätte. Bis in die Puppen wurde da bei heißem Rum geschnackt, wozu die Geistlichen allerdings lieber »Seelsorge« sagen.

Heute liegt Klaubärs Kapellchen abseits der vielbefahrenen Routen, wie fast jede Kirche heutzutage. Es sind nicht viele Gemeindebärchen, die Sonntag für Sonntag den Weg unter den abgesägten Schiffsbug finden und des Pastors kunstvollen Predigten lauschen. Allzu schlimm trifft ihn das indes nicht, meinte er: »Mein Jung, dir kann ich's ja verraten, daß meine schönen Beispielgeschichten, Einsichten und Ermahnungen allesamt so geklaut sind wie die Schiffskanzel, auf der ich dabei stehen tu«.

Ähnlich wie manch anderer Pastor frönt Klaubär schrecklich gern seinem dienstlichen Lieblingshobby: Er schreibt, bastelt und klebt an seinem Gemeindebrief.

Eine besondere Attraktion sind die zahlreichen Bildchen im »Dreimastigen Klippenboten«, die er aus unzähligen Zeitschriften und mancherlei geheimen Quellen sorgfältig zusammengetragen hat. »Nen ganzen Haufen davon hab ich man bei dir geklaut, du alter Stinkfisch«, verriet er mir schmunzelnd, als wir am Abend vor dem kleinen Kanonenofen bei einem steifen Grog in der guten Stube saßen. Und er erzählte, auf welch abenteuerlichen Wegen er an die eine oder andere Karikatur geraten war.

Lange nach Mitternacht war's, und die leeren Rumbuddeln klapperten leise auf den Pfarrhausplanken, als Klaubär mir mit bedeutungsvoller Geste eine fremdartig duftende dunkelgraue Mappe reichte. »Das ist Haifischleder von Kap Hoorn«, flüsterte er, »denn was Besonderes muß ja wohl auch in eine besondere Verpackung, muß es doch«. Als ich die weitgereiste Mappe öffnete, staunte ich nicht schlecht: Der nimmermüde Klaubär hatte mir eine ganze Reihe von Karikaturen derartig radikal entwendet, daß ich sie selber weder besaß noch jemals veröffentlicht hatte.

Der Meisterdieb des christlichen Humors räusperte sich umständlich und sprach dazu mit rauher Stimme: »Bruder Tiki, es is nu man nich gut, daß all deine vergessenen Schätze hier in meiner Kate vermuffeln tun. Nimm das Teil man mit in den fernen Süden zu den Claudius Verlach. Die werden schon dafür sorgen, daß es viele Seebären und Landratten in ihre Pfoten kriegen«.

Und so ist es dann auch geschehen.

LOGBUCH

KLEINE KIRCHENSCHIFFS-KUNDE

Das Schiff, in dem Gemeinde pennt

Die Galeere der Berufschristen

Der missionarische Kutter

Die pneumatische Segeljolle

Die mystische Dschunke

Das freikirchliche U-Boot

Der Ausflugsdampfer

Das Baggerschiff der Prediger

Der Panzerkeuzer Papemkin

Das Schlauchboot der Engagierten

Das Containerschiff

Das Wrack

Die Titanic

Der Einbaum

Die christliche Seefahrt

»Hach, das sind ja Leuchttürme! Vor lauter Pulverdampf habe ich nie ihre Lichter gesehen.«

»Das ist das Schöne an einem großen Schiff: Es schwimmt auch ohne Passagiere«

» Panikmache! Bisher hat sich jeder Kirchenaustrittssturm von selber erledigt! «

» Wo kämen wir denn da hin, wenn sich einer von euch als Papst aufspielen will!? «

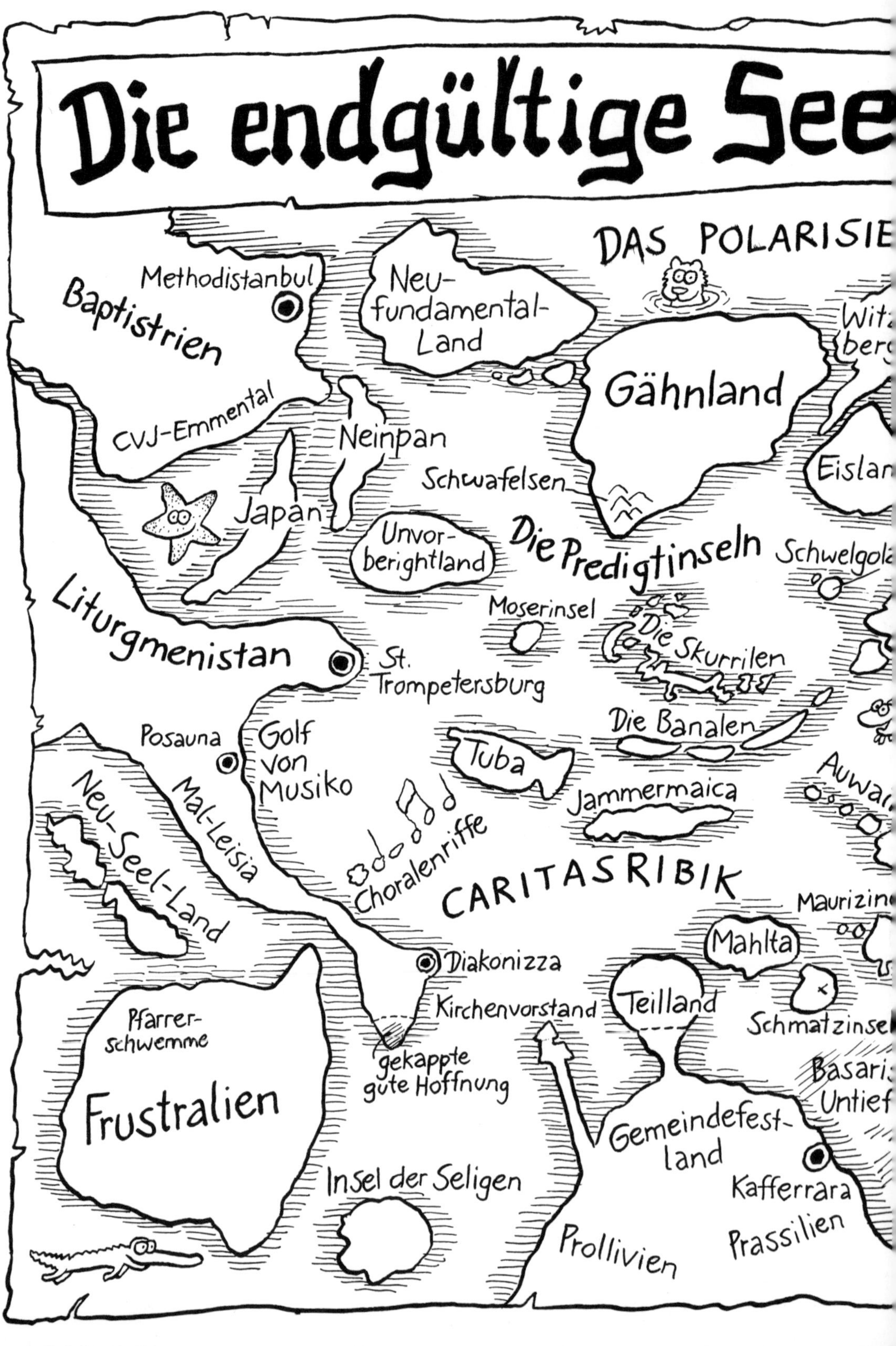
Die endgültige See
DAS POLARISIE
Methodistanbul
Baptistrien
Neu-fundamental-Land
Gähnland
CVJ-Emmental
Neinpan
Schwafelsen
Eislan
Japan
Unvor-berightland
Die Predigtinseln
Schwelgol
Liturgmenistan
Moserinsel
Die Skurrilen
St. Trompetersburg
Posauna
Golf von Musiko
Die Banalen
Tuba
Jammermaica
Neu-Seel-Land
Mal-Leisia
Choralenriffe
CARITASRIBIK
Maurizin
Mahlta
Diakonizza
Teilland
Kirchenvorstand
Schmatzinse
Pfarrer-schwemme
gekappte gute Hoffnung
Frustralien
Gemeindefest-land
Kafferrara
Insel der Seligen
Prassilien
Prollivien

Karte der Christenheit
MEER
Liberaleüten
Medien
EKDenemark
KARGTISCHES MEER
Flippinen
Laberador-Strom
Groß-
betannien
Lutheheran
Meer der Möglichkeiten
Xang
Puch
Quatschedonien
Laber
Kungelei
Langtselang
Die Querelen
DAS
MITTEL-
ÄSSIGE
MEER
Fachchinesien
Keinada
Sparien
Verwal-
Tung
Chaos
Langsamia
Gibaltar
Liebanein
Futschi
Zögern
Kindonesien
Konkreta
Zittern
Zagen
Krabbelland
KINDISCHER OZEAN
LORD
Kigomera
Seidstillen
FESTEN
KOSTEN
PAZIFISTISCHER OZEAN
TIKITANIC
Küsten-
machers
Küstenwache
Missionarvik
PRÜDEN

VOR & NACH DER JAHRTAUSENDWENDE

» Als wir den Firmennamen erfunden haben, da hatten wir noch so einen Laden aus Glas und Alu... «

» Ach ja: Es kann sein, daß ab dem 1.1. 2000 die Taste Strg-Alt-Entf beim Hafenverwaltungsprogramm was anderes bedeutet.«

»Kein Zweifel: Das sind die Produktionsdaten von 1900!«

»He! Seht doch mal hierher!«

Schöne neue Arbeitswelt

»Ich schreibe auf das Attest „bedingt windowstauglich, da doppelklickbehindert“.«

»Aber was soll denn daran gut sein, wenn alle Bürogeräte zusammenwachsen?«

»Diese Initiative wird die bisher gigantischste Ankurbelung von Umsatz und Konjunktur!«

»Herr Dr. Bommel, da draußen warten zwei Autoren auf Sie.«

Alte Worte – Neue Worte

Klerikales und weltliches
Fachchinesisch im Wandel der Zeiten

früher kannte man
VIA DOLOROSA
heute eher
VIAGRA
APOTHEKE
einst:
die AIR von BACH
UM GOTTES WILLEN, GEB ER MEHR LUFT!
jetzt:
AIRBAG
KEIN WUNDER BEI IHREM TEMPO!
früher:
GROSSBANKEN
ICH FÜHLE MICH HIER IRGENDWIE VERLOREN...
heute:
HOMEBANKING
... BETEN KANN ICH DOCH AUCH ZU HAUSE!
früheres
LAST FOOD
DIE NÄCHSTEN STUNDEN MÖCHTE ICH MEIN ABSCHIEDSESSEN MIT EUCH FEIERN.
heute oft bloß
FAST FOOD
ERINNERT MICH AN McDRIVE!

Hart ist der Arbeit Los

» Und dann sagte ich zu unserem Vorstandschef: Die größten Einsparmöglichkeiten gibt es im Personalbereich... «

» Was wird das schon machen – ein Arbeitsloser weniger... «

» Sie sind nicht gläubig? Nein, dann können wir Sie bei uns nicht gebrauchen. «

» Die Kosten laufen uns davon. Ich muß einen von euch entlassen. «

Nehmen Sie's doch nicht gleich versöhnlich!

Beobachtungen zu einer weltumspannenden Thematik

Die Evolution der Menschheit...

...ist eine Evolution der Schuldlosigkeit.

Mit wachsendem Bewußtsein...

...wachsen auch die Ausreden ins Unermeßliche.

Nur wo es Schuldige gibt und handfesten Streit...

...ist auch handfeste Versöhnung möglich.

Genau daran kann Versöhnung auch scheitern...

...ebenso wie an sprachlichen Feinheiten...

...an fehlenden Vokabeln...

...oder mißverstandenen Riten.

Unsere Zeit braucht neue Versöhnungssymbole...

...die auf aktuelle Trends eingehen...

...multikulturelle Anregungen aufnehmen...

...und so beitragen zur weltweiten Versöhnung.

Böses böses Business

» Der verschärfte Wettbewerb im Geschäftsleben
scheint Sie zu bedrücken. «

» Da, pack mal mit an! Du verstehst doch so viel von Mobbing! «

» Aber es muß doch auch jemand die Arbeit tun,
zu der sich keiner berufen fühlen möchte. «

» Herr Direktor, Sie hatten uns beauftragt, die Analyse Ihres
Unternehmens schonungslos durchzuführen... «

Unschuldiges vom Lande

»Es ist schon vieles von hier weg, aber mein Herz ist halt immer noch hier.«

»Sind a weng mickrig, unsere fränkischen Bananen. Aber damit ich EG-Zuschüsse dafür krieg, muß ich eh Wein draus pressen.«

»Unser Bauer läßt fragen,
ob wir nicht endlich mal ein Milchbildungsseminar
besuchen wollen.«

Schräge Kirchenvögel

Ein ornithologischer Streifzug durch die Vielfalt der Schöpfung

Der Schwarzstorch (pastor simplex)

Nistet gern auf erhöhten Plätzen (am liebsten Kanzeln). Ist bei Balz- und Brutzeremonien anderer lautstark schnabelklappernd dabei. Achtung: noch zahlreich, aber Nachwuchs bedroht.

Die Rauchschwalbe (dampfa liturgica)

Nistet in katholischen, selten auch in evangelischen Kirchen. Gesellig. Gelegentlich als Zugvogel nach Süden (Rom).

Der Auslöffler (diaconus depressivus)

Schweigsamer, aber zuverlässiger und vielseitiger Arbeitsvogel. Lebt in Symbiose mit dem Schwarzstorch, der als Einbrocker fungiert.

Der Buchfink (lektor lektor)

Weitverbreitet, liebenswürdig und treu. Das ♀ hat zartes Stimmchen, ♂ oft dialektgefärbt.

Die Beutelmeise (remiz pinke pinke)

Unausrottbarer, häufig vorkommender Kleinflügler. Baut kunstvolle Beutelnester, die sie mit glitzernden oder raschelnden Gaben füllt. Siedelt in Kirchturmnähe.

Die Fest- und Wiesenweihe
(circus blabla)

Gehört zur Familie der Greifvögel. Ergreift gern und lang das Wort. Fliegt in höherem Auftrag, am liebsten in Blitzlichtgewitter. Außerhalb der Festzeit schläfrig.

Die Angstwachtel
(tumirnix tumirnix)

Verschrecktes Kirchenhühnchen. Drückt sich vor Verantwortung, läßt aber unentwegt Warnrufe hören („bestehtnichtdiegefahrdaß"). Dabei ist ♀ häufig agressiver als das ♂.

Gluckente (anas martha)

Warmherziger Reviervogel, ortsfest (Gemeindehaus) und genügsam. Braucht aber regelmäßiges Lob und Anerkennung. Lockruf: „Kah-fee" und „Ku-chen".

Die Lachmöven
(larus pubertiricus)

Tritt in Schwärmen auf, durch ihr lautes Gackern auch in großen Konfirmandengruppen unüberhörbar. Plötzliches Verstummen, wenn einzelnes ♂ einem einzelnen ♀ begegnet.

Traverseeschwalbe
(jamma jamma)

Brütet in der Nähe von Seelsorgegelegenheiten, fühlt sich auch bei intensiver Pflege nie verstanden. Nestflüchter.

Hohltaube
(columba obsoleta)

Sehr grau. Läßt massenweise weihevolle Worthülsen und kirchenrechtliche Korinthenkacke fallen. Ihr penetrantes Auftreten in Kirchenämtern ist zur schwer eindämmbaren Plage geworden. Wird mit Ministerialzulagen überernährt.

Die heißgeliebten Mitarbeiter

» Ob wir Laien ihm einfach so helfen dürfen? «

» Hier sieht man die Antwort auf die Frage: Wer steckt eigentlich hinter der Kirche? «

»Ihre Idee, uns als Mitarbeiter einzusetzen – die hat so eingeschlagen, daß wir Sie ab jetzt gar nicht mehr brauchen!«

»Endlich Leute, die meine zündenden Predigten zu schätzen wissen«

Die SUPERHELDEN der Gemeinde
WIR LIEBEN EUCH!
BETMAN
Im des Höchsten Namen kämpft er um jedes Amen
He! Schon wieder mit dem Essen angefangen ohne Tischgebet?!
Der Schrecken aller Altäre
Das waren nicht wir, das war BLUMINATOR mit seinem Vertrocknungslaser!
DER HELD DES KIRCHENCHORS
aiaiaiaiaiaiaiai a i
TERZAN
Keiner trifft diese Terz wie er!
DIE MIESESTE LAUNE DES UNIVERSUMS
McGeifer
Unserr Hausmeisterr
JUGEND RRRAUS! Mein Gemeindehaus bleibt sauberr!
INDIANER JONES
UND DER KREUZZUG GEGEN DIE MODERNE
Ich bitte jedes Würstchen um Verzeihung, bevor ich reinbeiße
JAMES BONDING
Im Auftrag seiner Majestät
KEINER SEELSORGT SO WIE ER
mit der Lizenz zum Labern
Ich bin gerührt. Nicht geschüttelt.

Mit Schürze, Charme und der Glanzkraft der Zitrone
EMMA PRIL
Abspülen? Das mach ich doch gern!
Der gute Geist vom Gemeinde-Fest
PRIL aktiv
Er kam aus dem Zitatedschungel...
KING LONG
SEINE PREDIGTEN SIND RIESIG
SEINE BEISPIELE NICHT ENDEND
Zuschließman
DER RÄCHER
Die evangelische Kirche ächzt unter seiner Knute
Verdammt! Z-Man hat wieder ganze Arbeit geleistet!
Zu!
MEN IN BLACK
SIE SCHÜTZEN DIE ERDE VOR DEM ABSCHAUM DER FARBE
Runter mit dem bunten Fummel, du Weichei!
Die gute Seele unseres Bastelkellers
HOBELIX
Jetzt bauen wir was, so Sinn-voll wie ein Hinkelstein!
HELDIN DER JUGENDARBEIT
WANDERWOMAN
Bloß noch 20km bis zur Jugend-herberge, ihr Memmen!

WeiberGeschichten

»Das Weib schweige im Kriege!«

»Früher war ich die Alibifrau – jetzt bin ich nur noch die Quotenfrau.«

» Abtreibung? Ein reines Frauenproblem «

» Ja, hier spricht die Bundeszentralstelle für Telearbeit. «

ran an die Tasten!

» So ein Gemeindebrief wird einfach besser,
wenn man ihn vierhändig spielt! «

» Ach, mir reicht es, in der virtuellen Realität Christ zu sein! «

Szenen keiner Ehe

sondern bloß der graue Alltag
von Pfarrer Borstig und seiner Sekretärin

Auf die Früchte kommt es an? Ach wo, aufs Prinzip!

Das funktioniert doch nie!

Eine kleine und immer noch aktuelle Geschichte des Kleinglaubens und Starrsinns

Man stelle sich vor, Jesus hätte gedacht wie seine Zeitgenossen...

...er hätte sich strikt an die Naturgesetze gehalten...

...seine Jünger wären konservativ geblieben...

...und hätten halbwegs normal reagiert...

...wäre dann die Kirche jemals entstanden?

Gottseidank lief alles anders...

...und anfangs gab man sich durchaus experimentierfreudig...

...was aber leider nicht sehr lange anhielt.

Ängstlich fragt man nicht nach dem Wohin...

...sondern dummerweise nach dem Woher.

Auch in Europa gibt es Heilige Kühe...

...Effektivitätsanalysen werden gern beschönigt...

...aber auch die gute alte Kirche ist durchaus noch lernfähig.

Mission possible

» Jetzt steht sie aber stabil! «

» Merkt ihr nicht, wie ihr stört? «

» He! Da will jemand unseren Teufelskreis kaputtmachen! «

Das Missionsland VOR DER HAUSTÜR

»Schwester Rajibtha erzählt mir immer so wunderbare Dinge über Buddha, wenn sie mich pflegt, aber Sie erzählen nie etwas.«

»He! Da will jemand unser bequemstes Werkzeug entsorgen!«

» Ein Traktat in der richtigen Situation ist oft das einzige, was einen Menschen noch erreichen kann. «

Zwischen FUNTASIE und JOYSTICK

Beobachtungen zum jüngsten Megatrend in Kirche und Welt

Die späten 90er-Jahre wurden von einer Nonsens-Woge und der totalen Spaß-Kultur heimgesuch

Instant-Produkte und Light-Versionen versprechen Genuß ohne Beschränkung...

...auch wenn die Gaudi-Grenzen offensichtlich sind.

Die Kirchen indes vertrauen auf ihre klassischen Methoden...

...wobei offen bleibt, ob es jemals wirklich freudig zuging.

Das Angebot reicht von Verzichtsaktionen...

...bis zur Anpassung an den Zeitgeist.

Liegt die Chance im Mitlaufen bei den jeweiligen Trends...

...oder gerade in der bewußten Verweigerung?

Verglichen mit den Dogmen der Spaß-Gesellschaft...

...ist die Logik der biblischen Botschaft durchaus konkurrenzfähig...

...denn letztlich wird nicht die Lautstärke entscheiden...

...sondern die Qualität der Nachricht.

CIRCHE & KOMPUTER

» Wer hätte das gedacht, daß wir eines Tages unser EDV-Zentrum dermaßen ökologisch umgestalten müssen! «

» Müssen echt uralt sein – alle Texte sind auf 5¼ Zoll-Disketten! «

» Kein Problem, Herr Oberkirchenrat. Ich werde Ihren Blick aufhellen, Ihnen eine weiße Weste verschaffen und den Dreck am Stecken wegmachen. «

Himmlische Computerspielereien

Holger blieb vollkommen cool. Jetzt bewährte sich sein jahrelanges Training am Hochzeitssimulator.

» Ist mir egal, ob die Kettensäge historisch stimmt – wir müssen das Buch doch jugendgerecht aufbereiten! «

» Nein danke, ich spiele lieber das Original! «

» Und wenn das alles einem Kunden immer noch zu wenig weihnachtlich ist,
empfehlen Sie ihm eben ein Bibelspiel. «

für die Gemeindearbeit neu entdeckt:
Die Hebelgesetze
Jiu...
...jitsu!
Schon ein Einzelner kann durch die Gründung eines Hauskreises einige andere aus ihrem Stillstand befreien.
Hm, irgendwie geht's aufwärts mit mir!
Hätte nie gedacht, daß der christliche Glaube mir nochmal so ans Herz wächst.
Warum sind wir da nicht früher drauf gekommen!
Geht leichter als ich dachte.
Ist ein Hebel erstmal installiert, folgen meist weitere.
Um eine gesamte Kirchengemeinde in heilsame Unruhe zu versetzen, braucht es nur ein paar Leute, die gemeinsam an der richtigen Stelle Druck ausüben.
Falls Sie es noch nicht gemerkt haben: Ich kann mich überhaupt nur **von anderen** bewegen lassen!
Entscheidend ist, daß man bei einem Hebel einen absolut verläßlichen festen Punkt hat.
Eine originelle medienwirksame Aktion kann zigtausende bewegen.
Sieh mal an!
Euch gibt's also doch noch!
Glaube ist öffentlich!
...WIR SIND DIE ÖFFENTLICHKEIT

Doch Vorsicht: Die Gesetze der medialen Hebelkräfte gelten auch in umgekehrter Richtung!
Wir liiiiieben schlechte Nachrichten!
WIR SIND ABER NUR DIE FACHWELT
Toronto-Segen
STREIT?
Skandal!
Wimber pro & contra
Das Jiu-Jitsu-Prinzip stand übrigens schon an der Wiege des christlichen Glaubens:
UNGLAUBE
Eine unscheinbare Tat...
...mit enormer Wirkung!
Ganz enorme Hebelkräfte hat das Gebet:
Die Beterei bringt ja schon mal gar nichts.
Wir sind Bettler, das ist wahr. Fülle Du uns die Hände.
Danke Herr, daß Du uns so erfolgsorientiert denken läßt, uns so kreativ sein läßt und uns ein so gigantisches Gemeindewachstumskonzept hast ausarbeiten lassen...

Oh Gottesdienst! DU ORT DER FREUDEN...

» Es war überfällig. Wir liegen über 20 Jahre hinter dem Farbfernsehen. «

» Während Ihres Gottesdienstes haben wir ein paar Verbesserungsvorschläge zusammengestellt. «

» Eigentlich wollte ich ja alle Filmer und
Fotografen aus der Kirche rausschmeißen... «

Das Gleichnis vom gutbezahlten Hirten

» Lassen sie die doch. Als Hirte haben Sie für **uns** da zu sein! «

» Es werden zwar immer mehr Schafe pro Hirte – aber dafür wollen immer weniger bei Ihnen bleiben! «

VOLKSKIRCHLICHE HIRTENSCHULUNG

» Richtiger verhält sich Hirte B, denn er wirkt nicht anstößig für die Schafe, die nicht zu seiner Herde gehören wollen.«

» Ja richtig – die Schafe! «

Jenseits der Lebensmitte

» Sie wollen unseren Spezialisten für Seniorenarbeit? Aber das sind wir doch alle! «

» Warum nur ist das Leben so schrecklich ungleichmäßig bebaut? «

»Mit euch Greisen wollen wir nicht ständig in einen Topf geworfen werden.«

»Ein soziales Pflichtjahr für 65jährige wirkt pflegekostendämpfend und mindert den Pensionsschock.«

BIBEL TOTAL

Das wurde aber auch Zeit: Endlich liegt eine Bibelübersetzung für Jugendliche vor, die 100% Konfirmandenkompatibel und echt voll slangfest ist. Hier erste Ausschnitte.

Die Schöpfung

Arche Noah

Der Sündenfall

Jakob und Esau

Josef

Mose vor dem Pharao

Israel in der Wüste

Die zehn Gebote

David und Goliath

Jesu Geburt

Die ersten Jünger

Heilung des Aussätzigen

Jesu Kreuzigung

Jesu Auferstehung

Ökumenschliches

»Jetzt stört eigentlich nur noch der Priester.«

Erst bei einem zufälligen persönlichen Besuch bemerkte Diözesanbaurat Städterer, daß die evangelischen und katholischen Christen von Niederzwiebelbach offenbar seit Jahrzehnten gemeinsam den Gottesdienst feierten.

»Gegen diese Hierarchie sind wir doch völlig machtlos.«

»...und wenn du unsere Gebete beantworten willst – unsere Homepage ist http://vatican.va«

JÜRGEN, der FLIEGEnde Holländer
und andere Spukerscheinungen der TV-Zukunft
Paßt gut auf euch auf!
ENDLICH: Die Lindenkirche
...und möchtest du, Ibrahima, im Namen Allahs, der Göttin und der globalen ökologischen Verantwortung, Üzgür Ökzan zum Manne nehmen, in politisch korrekter Weise und ohne damit gleichgeschlechtliche Partnerschaften abzuwerten?
Ja, mit Mutter Beimers Hilfe!
Sensationell: Die Daily Soap der Evangelischen Akademien
Schlechte Zeiten Schlechte Zeiten
Liebst du mich?
Ja, aber angesichts der ungerechten Weltwirtschafts-strukturen...
das missionarische quartett
...und wieder werben wir betroffen um Ihre Dseele – die Hölle dsteht noch allen offen.
BOULEWARTBURG BIO
...und aus diesen 95 schrecklichen Zutaten kochen wir heute äußerst schwer verdauliche
95
KIRCHENKLÖPSE
DIE SENDUNG MIT DER KIRCHENMAUS
Heute, liebe Kinder, erklären wir euch das Synodal-system...
JONA UND DIE WAHL
?
Und was kommt nach Pfarrer Flieges Talkshow? MÜCKE!
Hallo, ihr Kleinsten! Willkommen bei der ersten Brabbelshow!
Gaga!
tututut!
BLBLblblbl...
Tobi

chon aus? Hier gibt's weitere Bücher von Werner (Tiki) Küstenmacher...

ARIKATURENBÄNDE

veils 64 S., über 250 Karikaturen, MlsFr 14,80, öS 108,–

mmlische Bilderbögen

er Gottes Bodenpersonal

N 3-532-62002-2

r alle, die die Kirche so gern ben, daß sie noch über sie nmunzeln können.

ch du lieber Himmel

ritzige Bilderbögen über ott und die Welt

N 3-532-62016-2

ki bringt einen zur gesündesten t des Lachens: zum Lachen über h selbst.

eistliche Höhenflüge

er himmlischen Bilderbögen itter Teil

N 3-532-62041-3

otz hochfliegenden Titels geht es er in köstlichem Schmunzelstil um e nur allzu irdischen Schwächen n Gottes Bodenmannschaft und ren Passagieren.

wige Jagdgründe

mmlisch weltliche Bilderbögen Nr. 4

N 3-532-62075-8

ki geht mit pieksender Zeichen- der auf die Pirsch. Na, dann Weidmannsheil«!

ie fromme Geisterbahn

er himmlischen Bilderbögen 5. Teil

N 3-532-62138-X

ne rasante Fahrt mit Tikis spitzer der für alle Liebhaber seiner öhenflüge und Höllenfahrten.

as himmlische Trallala

n pfiffiger Streifzug durch die efilde der Kirchenmusik

N 3-532-62179-7

ki wendet sich diesmal einer Spe- alaufgabe des Bodenpersonals ottes zu – der Kirchenmusik.

MINI-GESCHENK-BÜCHER

Jeweils 64 S., DM/sFr 4,90, öS 36,–,

Die Mini-Geschenk-Bücher passen in jede Tasche und zu fast jeder Gelegenheit. Nehmen Sie sie beispielsweise statt Blumen, als lieben Gruß, als Trost, als »Dankeschön« oder als »Ich-denk'-an-Dich«. Natürlich kann man sie sich auch selbst schenken.

Ich lese die Bibel, weil...

60 gute Gründe für das Buch der Bücher

ISBN 3-532-62131-2

Glaube ist...

60 biblische Antworten für Anfänger und Fortgeschrittene

ISBN 3-532-62149-5

Gott schuf...
...uns aus lauter Liebe

60 tierisch gute Bibelworte

ISBN 3-532-62162-2

Danke für...
...so viel Gutes

60 herzliche Grüße aus dem Buch der Bücher

ISBN 3-532-62169-X

Kirche find' ich gut!

60 gute Gründe, in der Kirche zu bleiben

ISBN 3-532-62206-8

Ich bin fit, weil...

60 gesunde Sprüche für Leib und Seele

ISBN 3-532-62207-6

Musik ist...

60 wohlklingende Definitionen

ISBN 3-532-62222-X

Ich liebe dich...

60 Liebeserklärungen aus dem Buch der Bücher

ISBN 3-532-62221-1

..und wenn das immer noch nicht reicht, gibt es noch Rätselhaftes und, und, und...

BIBEL-BILDER-RATE-BÜCHER

Jeweils 48 S., DM/sFr 6,90, öS 50,–

Wo ist der verlorene Sohn?

Ein lustiges Bibel-Bilder-Rate-Buch

ISBN 3-532-62020-0

Tatort Bibel

Ein kriminalistisches Bibel-Bilder-Rate-Buch

ISBN 3-532-62048-0

Das Geheimnis am Ölberg

und andere Bilderrätsel aus Bibel und Kirche

ISBN 3-532-62082-0

Das Rätselbild von Babylon

Noch ein geheimnisvolles Bibel-Bilder-Rate-Buch

ISBN 3-532-62124-X

Der Anschlag in Wittenberg

und andere rätselhafte Ratebilder rund um Luthers Reformation

ISBN 3-532-62188-6

Anker und Fische

Ein fröhliches Ratebilderbuch über kirchliche Symbole

ISBN 3-532-62204-1

Perlen und Säue

Ein freches Ratebuch über biblische Redensarten

ISBN 3-532-62205-X

KINDERGOTTESDIENST-POSTER

Jeden Sonntag bekommen die Kinder einen der Aufkleber. Werden alle Bilder an der richtigen Stelle aufgeklebt und ausgemalt, entsteht ein farbenfrohes Poster zum Thema.

Jedes Set enthält jeweils 10 Poster DIN A 2 und 10 Bogen mit Aufklebern. Jeweils DM/sFr 27,80, öS 250,–

Die Bibelburg

Eine Übersicht über die Bücher der Bibel (AT/NT).

ISBN 3-583-50804-1

Das Kirchenjahr

ISBN 3-583-50803-3

Der Ablauf des Kirchenjahres einschließlich der liturgischen Farben.

Die Israelkarte

ISBN 3-583-50801-7

Jakob und seine Söhne

ISBN 3-583-50806-8

Eine Übersicht über alle Geschichten des Jakobskreises – und der Stammbaum Israels

Luther live

Eine heitere Reformationsgeschichte

ISBN 3-583-50807-6

Dieses Poster bietet eine Übersicht über eine der spannendsten Epochen der Kirchengeschichte.

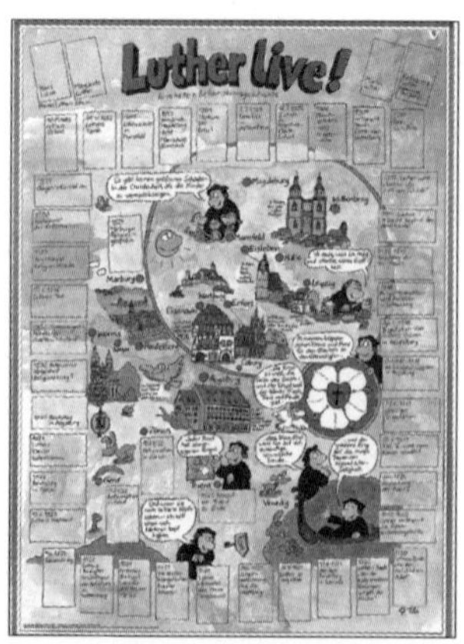

BASTELBOGEN
Arche Noah Bastelbogen

1 Set enthält 10 Bastelbögen DIN A2, 10x52 Aufsteller mit je zwei Tieren perforiert zum Abreißen, ISBN 3-583-50802-5

Jedes Kind erhält einen bunten Bastelbogen für das Schiff und 52 Tierpaare zum Anmalen und Aufstellen.

CD-ROM
Tiki's ClipArts

CD-ROM, ISBN 3-532-63002-8

Gestalten wie ein Profi! Rund 600 original »Tiki-Vorlagen« zur individuellen Weiter-und Umgestaltung.

DM 29,95, sFr 25,–, öS 219,–

TIKIS LIEDERBILDERBUCH
Der Mond ist aufgegangen

32 S., Hardcover, durchgehend vierfarbig, Text nach Matthias Claudius, DM 19,80, öS 155,–, sFr 20,60, ISBN 3-532-62165-7

Ein kleiner Junge öffnet eines Nachts das Fenster, besteigt die Spielzeugrakete neben seinem Bett und startet zu einer Expedition zum Mond und den Sternen, begleitet von allen Strophen des populären Kirchenlieds. Um das Lied richtig singen zu können, ist die komplette Melodie mit der Gitarrenbegleitung abgedruckt.